ユニバーサルデザインでみんなが過ごしやすい町へ

② 公共施設のバリアフリー
対面朗読室・多機能トイレほか

【監修】白坂 洋一
筑波大学附属小学校教諭

汐文社

ユニバーサルデザインで みんなが過ごしやすい町へ

❷公共施設のバリアフリー
対面朗読室・多機能トイレほか

もくじ

案内図

★本書で紹介しているユニバーサルデザインの施設や設備は、すべての公共施設に設置されているわけではありません。

ユニバーサルデザイン
ってなに?

すべての人が使いやすいデザイン

　駅や学校、病院など、町にある建物や施設などには、みんなが過ごしやすい場所になるよう、さまざまな工夫がほどこされています。そのような工夫を、「ユニバーサルデザイン」といいます。

　「ユニバーサルデザイン」の「ユニバーサル」には、「すべての人の」「普遍的な」という意味があります。つまり、「すべての人が使いやすいデザイン」というわけです。では、「すべての人」とは、どんな人でしょうか?

　町に出ると、年齢や性別、国籍などのちがう、さまざまな人がいます。そのすべての人ができるだけ生活に支障のないように、環境をととのえるのが、ユニバーサルデザインの考え方といえるでしょう。

ユニバーサルデザイン
＝
すべての人が
使いやすいデザイン

この本では、子どもたちが「ユニバーサルデザイン」を探しに町へ出かけます。
では、「ユニバーサルデザイン」って、なにかわかりますか？
みんなが町で快適にくらすために、必要なものなのです。

ユニバーサルデザインの7原則

自らも車いすで生活する障がい者で、「ユニバーサルデザイン」という言葉を最初に使ったアメリカの建築家ロナルド・メイスは、ほかの建築家やデザイナー、技術者などといっしょに、ユニバーサルデザインの基礎となる7つの原則をまとめています。

ユニバーサルデザインにたずさわる人は、この原則をもとに、さまざまな施設や設備、製品などを生み出しているのです。

❶ だれにでも公平に使えること

たとえば、エレベーターは車いすを利用する人だけのものではありません。みんなが公平に利用できて、役立つことが大事です。

❷ 使う上で自由度が高いこと

たとえば、2段になった手すりは、背の高さによって使いやすいほうを選んで使えます。使う人の好みや能力にあわせて使えることが大事です。

❸ かんたんでわかりやすいこと

たとえば、シャンプーのボトルには、さわっただけでリンスとのちがいがわかるように、横にでこぼこがついています。見ただけ、さわっただけで理解できることが大事です。

❹ ほしい情報がすぐに理解できること

トイレの男女のちがいがピクトグラム（8ページ）でわかるように、ほしい情報がひと目で理解できることが大事です。

❺ 単純なミスや危険につながらないこと

たとえば、電気ポットはコードに足をひっかけても倒れないように、コードがかんたんにはずれるようになっています。安全性も大事なポイントです。

❻ 無理な姿勢をとることなく、少ない力で使えること

端末にかざすだけで使えるICカードや片手で開けられる歯みがきのチューブなど、自然な姿勢で、できるだけ少ない力で使えることが大事です。

❼ アクセスしやすいスペースと大きさを確保すること

広い多機能トイレやボタンの大きなリモコンなど、どんな体格や姿勢、能力の人でも使いやすい大きさや空間があることが大事です。

病院には
どんな工夫があるのかな？

町のユニバーサルデザインを探しに、病院にやってきました。
病院には、さまざまな事情をかかえた人が過ごしやすい工夫がたくさん。
矢印のところには、どんな工夫があるでしょうか。

くわしくは、
次のページを
見てね！

病院にほどこされた工夫

英語や中国語などが表示されるものもあるんだって

🔍 自動受付機

予約をしている患者さんは、受付機で受付ができます。車いすに乗ったまま操作できるように、高さを調整している受付機もあります。

🔍 診察案内板

受付番号が表示される案内板です。耳が不自由な人も、診察室に呼ばれたことがわかります。

診察室やトイレに入る前にシールを見たら、手洗いや消毒を忘れないね

🔍 さまざまなサイン

受付や病室、検査室など、病院内の場所によって色わけされた矢印で案内したり、手洗いやうがいなどのルールをイラストやピクトグラム（ひと目で情報がわかるように工夫された絵文字）を使ってわかりやすく伝えたりしています。

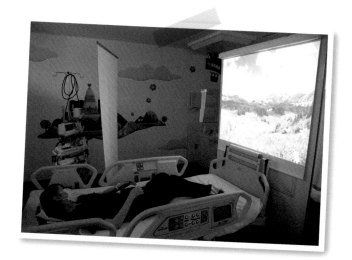

モニター画面

病室に設置したモニターやスクリーンを使い、ビデオ通話でお見舞いができます。風景を映したり、音楽を聞いたりして、リラックスするためにも使われます。

入院中のおじいちゃんの顔を見ながら、お話しできるね

使いやすい食器

入院中の人が使う食器のなかには、内側や底にくぼみをつけて、手の力が弱くなっている人にも持ちやすくしたり、フタを開けやすくしたりしているものがあります。

こんな工夫もあるよ！

ドアの持ち手

大きくて握りやすい持ち手がついているドアは、少ない力でかんたんに開け閉めができます。

印刷された植物

アレルギーや感染症予防のために植物をかざることができない場合に、植物の絵や写真を印刷したボードをかざることで、だれでも植物を楽しむことができます。

病院ではたらく人に聞いてみよう

利用しやすい病院にするための工夫などを聞いてみました。

病院で困っている人がいたら、どのように声をかけてあげたらいいですか？

国立大学法人東京医科歯科大学　統合教育機構

山口 久美子先生

　「困っている人」とはどんな人だと思いますか？　あなたが歩くほど速く歩けないから「困っている」と思っても、その人は自分らしくゆっくり歩けばいいと思っているかもしれません。

　「困っているかな？」と思ったら、まずはあなたの姿が相手からちゃんと見える位置に立ち、なるべく口を大きく動かして「こんにちは」とあいさつをしてみましょう。そして、「なにかお手つだいできることはありますか？」と聞いてみましょう。大きすぎる声や高い声は聞き取りにくいので、なるべく落ち着いてはっきりとお話ししましょう。

　病気や障がいとよいおつきあいをしている患者さんは、できることは自分でやりたいと思っていることもあります。時間がかかってもやりたいことや、手つだってもらえるとうれしいことは、一人ひとりちがいます。相手にとってうれしいことはなにかをたずねてみましょう。

私も声をかけるときは、相手のことを考えるようにします

みんなが快適に過ごせる病院にするために、必要なことはなんですか？

国立大学法人東京医科歯科大学大学院　生体集中管理学分野　**武澤 恵理子**先生
Effective Medical Creation（EMC）

ろうかに手すりがついていて歩きやすいなど、設備の工夫はもちろん欠かせませんが、設備が充実すればそれだけで利用しやすくなるわけではありません。病気になったりして、病院に行かなければいけなくなると、人は不安になったり、治療で痛いのはいやだと思ったりするでしょう。そうした不安や恐怖心をやわらげてあげること。つまり心のケアもできる空間であることが大切です。

色や音、香り、光などを取り入れて五感（視覚・聴覚・触覚・味覚・嗅覚）を刺激することでリラックスしてもらうために、デザインの力を活用していこうという取り組みが、世界中に広がっています。どんな病院だったら自分や家族が利用したくなるのかを想像してみるといいですね。

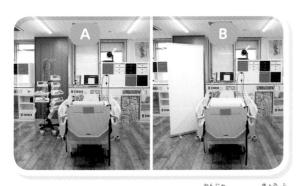

AとBは同じ病室の写真ですが、Bは患者さんが恐怖心や不安を感じないように、治療に必要な機材をパネルでかくしています。このように、病院を利用する人が快適に過ごすための工夫が大事です。

海外では、病院で過ごす人の心をやわらげるために、かべや天井に絵を描いている病院もあります。

図書館には
どんな工夫があるのかな？

病院の次は、図書館にやってきました。
図書館もさまざまな人がおとずれる施設（しせつ）です。
矢印のところには、どんな工夫があるでしょうか。

対面朗読室

使用中

乳児トイレ

使用中

授乳室

9ぶんがく

LLブック

大活字本

くわしくは、
次のページを
見てね！

図書館にほどこされた工夫

ゆったりとした通路

車いすに乗ったままや、ベビーカーを押しながらでも本を探しやすいように、通路の幅は広くゆったりしています。

対面朗読室
（たいめんろうどくしつ）

目の不自由な人や、本を読むことがむずかしい人のために、本の朗読を行う部屋です。ボランティアの音訳者が、本や新聞を対面で朗読してくれます。

部屋のなかは静かだから朗読が聞きやすいね

いろいろな案内板

トイレやカウンター、児童書コーナーの場所など、どこになにがあるのかを点字や音声、足もとの点字ブロックで案内しています。

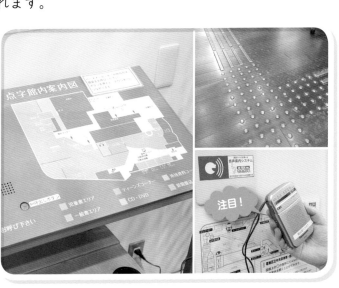

音声で案内してくれるんだね

注目！

車いすのままで使えるように、いすを置いていない机もあります。

🔍 読むための道具

本や資料のタイトルや内容をパソコンの画面に表示して、音声で読み上げる「資料情報読み上げ機」や、文字を大きく表示できる「拡大読書器」など、だれもが読書しやすくなるための道具がそろっています。

『仕事に行ってきます④　いちごを育てる仕事』
（社会福祉法人埼玉福祉会）

僕にとっても読みやすいな。いろいろ読んでみよう！

🔍 読みやすく工夫された本

ふつうの本が読みにくい人のために、写真や絵文字、イラスト、やさしい言葉を使った「LLブック」や、文字のサイズが大きい「大活字本」など、大人から子どもまで、だれにとっても読みやすい本があります。

大きな文字の青い鳥文庫『銀河鉄道の夜』
宮沢賢治（読書工房／講談社）

乳児トイレ

🔍 乳児トイレや授乳室

小さい子どもが使いやすいように、大人用よりも小さいトイレや、広々とした個室の授乳室があります。

図書館ではたらく人に聞いてみよう

図書館ではたらく人に、仕事の内容や気をつけていることなどを聞いてみました。

仕事中に気をくばっていることはなんですか？

葛飾区立中央図書館　職員　菊地さん

カウンターには、耳が不自由な人のための「筆談用ボード」が置いてあります。

　子どもや高齢の方、障がいのある方など、だれにとっても居心地のよい図書館であることが大事だと思っています。カウンターに来られる方だけでなく、館内にいる方にも積極的に声をかけて、本探しをお手つだいしています。直接お話しすることで、実はこんなことで困っているというお話が聞けることもあるので、みなさんとの会話を大切にしています。

耳の不自由な方は筆談しますのでお申し出ください。

聞こえが不自由なことを表す「耳マーク」です。
葛飾区立図書館

このマークは筆談用ボードが置いてあることを示しているんだって

いろいろな工夫がされている本は、どうやってつくられているのですか？

葛飾区立中央図書館　職員　**増井**さん

　「LL ブック」や「大活字本」は販売されていますが、「布絵本」や「点字つき絵本」などはボランティアさんの手づくりのものもたくさんあります。みんなが読書を楽しめるように、多くの人がお手つだいしてくれているんですよ。障がいのある方に読みやすく工夫された本を一度読んでみて、どんな工夫がされているか探してみてください。

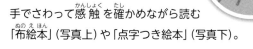

手でさわって感触を確かめながら読む「布絵本」(写真上)や「点字つき絵本」(写真下)。

ガイドに合わせて針をさし、点字を打つ簡易点字器。

(写真上)『ぎったんばっこん』なかえよしを・上野紀子（文化出版局）　制作：こぶたの会
(写真下) てんじつきさわるえほん『じゃあじゃあびりびり』まついのりこ（偕成社）

学校には
どんな工夫があるのかな？

学校にあるユニバーサルデザインを探（さが）しに、小学校にやってきました。
校内には、みんなが過（す）ごしやすい工夫がたくさんあります。
矢印のところには、どんな工夫があるでしょうか。

くわしくは、
次のページを
見てね！

学校にほどこされた工夫

注目！

玄関のスロープ

学校の玄関には、車いすを使用する人や杖を持った人も上がりやすいように、ゆるやかなスロープになっています。

階段

階段は、低学年の子どもも使いやすい位置に手すりがついていて、各階のおどり場には目の不自由な人のための点字ブロックがほどこされています。

階数の表示も大きくて見やすいね！

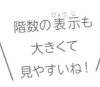

ろうか

ろうかは、休み時間中の交流を考えて広くなっています。教室とのさかいには段差がなく、車いすでも通りやすくなっています。

少人数の友だちと話し合うためのスペースもあります。

🔍 黒板

黒板が左右にカーブしていて光が反射しにくく、見やすくなっています。チョークも、色が見わけにくい人でも見やすい色になっています。

背の低い人も高い人も使いやすいように、黒板が上下するんだ

🔍 理科室

理科室のきょうだんの上には、大きな鏡が設置してあり、先生の手もとがどの席からでも見えるようになっています。

これなら実験に失敗しないね

こんな工夫もあるよ！

校庭
足への負担をかるくする、ゴムチップ素材がしいてあります。

トイレ
乳幼児づれの人のために、一部のトイレにおむつの交換台があります。

『国語 デジタル教科書 4年下』（光村図書出版）

デジタル教科書
文字を拡大したり、音声が聞けたりするデジタル教科書を使っています。

学校にはどんな工夫があるのかな？

特別支援学級ってなに?

小学校や中学校には、子どもたちそれぞれの苦手なことやむずかしさに対応したクラスがあり、個人にあわせた授業内容で学ぶことができます。

これならわかりやすいね

🔍 たな、ケース

提出物を分類しやすくしたり、片づけやすくしたりするために、たなやケースにはものの置き場所を示した言葉や絵がはられています。

🔍 大きな液晶ディスプレイ

野菜の成長記録を見るときや、歌やダンスの練習、校外学習の事前学習などでインターネットや動画を活用するときに使います。

イラストサイン

朝のしたくや着がえのしかたなどを説明した写真やイラスト、自分の意見を発表するときのハンドサインがはられています。

シャワー室もあるんだって！

特別支援学級の先生に聞いてみよう

授業の進め方や児童との接し方で、工夫していることはなんですか？

台東区立蔵前小学校　特別支援学級　主任教諭
新井 さちえ先生

　それぞれの子の苦手なことにあわせて対応をしています。話し言葉を理解することが苦手な子には、図や写真で説明し、言葉を話すことがむずかしい子には、イラストや言葉を書いたカードでコミュニケーションをとります。

　どうとくの時間には、パペットを使って劇を行うなど、内容に興味を持ってもらえるような工夫もしています。

基本的な生活習慣を身につけ、自立するための力をつけます

23

学校ではたらく人に聞いてみよう

校舎のつくりや授業の工夫について、3人の先生に聞いてみました。

校内や教室にはどのような工夫があって、みんなはどんなふうに使っているのですか？

いつまでも美しく安全な学校がいいね

台東区立蔵前小学校　校長　**針谷 玲子**先生

　児童がのびのびと学び、安心して過ごせるために、明るく広い校舎になるように設計されています。ろうかと教室のあいだにかべがないので、交流がしやすく開放的です。

　校内のあちこちにくつろぎスペースや小さなベンチスペースがあり、教室以外にも自分のお気に入りの場所を見つけることができます。

照明や窓を工夫して校内が明るくなっています。

どのようにユニバーサルデザインの考えを授業に取り入れているのですか？

台東区立蔵前小学校　生活指導主幹教諭
石川 一葉先生

授業では、「見やすさ」や「理解のしやすさ」を考えて内容を工夫しています。資料の文字が小さいときはプロジェクターを使って拡大し、児童の作品を見せ合うときにはタブレットを使います。各教室には液晶ディスプレイが設置され、発表やデジタル教科書を使うときに活用しています。

どの席からも画面が見えやすいよう位置を工夫しています。

学校の設備は、どのような利用者を考えてつくられているのですか？

台東区立蔵前小学校　教務主幹教諭
野中 由香先生

授業参観や学校公開の日は、高齢者や車いすの人、杖を持った人、乳幼児づれの人、外国の人など、さまざまな人が来ます。どんな人にも使いやすい場所にするために、校内にはエレベーターが設置され、玄関やトイレ、教室の入口などは、できるだけ段差をなくすよう設計されています。

役所には

どんな工夫があるのかな？

町でくらす住民がいろいろな相談をする窓口となるのが、役所です。
さまざまな人が来る役所にも、いろいろな工夫がほどこされています。
矢印のところには、どんな工夫があるでしょうか。

市民課

3番窓口へお越しください。

くわしくは、
次のページを
見てね！

役所にほどこされた工夫

注目！

多機能トイレ

ベビーカーや車いすでも入りやすいように広々としています。入口は、だれにでもわかるように英語やピクトグラム（絵文字）でも表示しています。

テラスには、補助犬用のトイレもあるよ！

スロープ

階段などの段差をなくすことで、車いすに乗ったままでも移動しやすくなります。

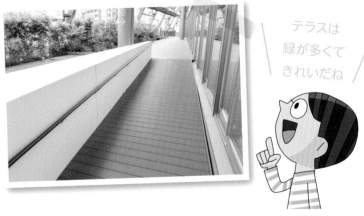

テラスは緑が多くてきれいだね

注目！

授乳室

おむつがえや授乳をするための部屋です。おむつがえのときに赤ちゃんをねかせる交換台が置かれています。

28

🔍 色わけされた案内板

役所内をブロックごとに色わけし、どの場所にいるのかが色でわかるようになっています。

私は今、ピンク色のブロックにいるのね

注目！

🔍 伝えるためのツール

耳の不自由な人と話すときは、筆談用ボードに書きこんだり、タブレットに話しかけて文字にしたりして伝えます。

❶ 話した言葉を文字にするタブレット
❷ 声を聞こえやすくするマイクとスピーカー
❸ 筆談をするときに使うボード
❹ 書類の名前を書く場所を伝えるサインガイド

こんな工夫もあるよ！

案内表示機
耳の不自由な人も、自分が呼ばれたことがわかります。

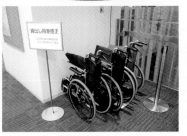

車いすの貸し出し
急に体調が悪くなったりしても、車いすを貸してもらえます。

カフェスペース
障がいのある人もない人も、いっしょにはたらいています。

役所ではたらく人に聞いてみよう

役所で施設づくりや外国人対応にかかわる人に話を聞いてみました。

学校のトイレを新しくするのも、役所のお仕事なのですか？

豊島区教育委員会事務局　教育部学校施設課
宮本 敦史さん

　そうです。私は、学校の先生と話し合って、学校がもっと過ごしやすい場になるように考える仕事をしています。たとえば、豊島区立の小中学校は、災害時に避難所になるので、みんなが使えるように、必ず多機能トイレも設置しています。設備が新しくなったら、なぜ新しくなったのか、どのように使いやすくなったのかを考えてみるといいですね。

ほかにも、色と絵を見ただけで、なんの教室なのかがわかるように工夫されています。

外国の人と接するときに、気をつけていることはなんですか？

タブレットを使って
案内する職員さん

豊島区政策経営部　企画課　多文化共生推進グループ
澤田 健司さん

　豊島区では、近年、外国人の住民が増えています。そのような人たちのために、タブレットの翻訳機能を使ったり、外国出身の職員が対応したりするようにしています。これは外国語だけでなく、手話や点字といった障がいのある人が使う言葉で話すときも同じです。その人が得意な言葉で話すのが一番伝わりやすいので、多言語に対応できるように工夫しています。

パンフレットはいろいろな言語に対応しています。

　豊島区の地図やゴミの出し方などをまとめた資料や動画は、6つの言語に対応しています。豊島区にくらす外国の人にも協力してもらってつくりました。私たちも内容を理解できるように日本語でも書いています。外国語対応は、外国語を話す人だけでなく、日本語を話す人にも理解してもらえるようにすることが大事です。

動画で見ると
わかりやすいね！

外国から来た住民向けに動画を配信しています。

31

多機能トイレのひみつ

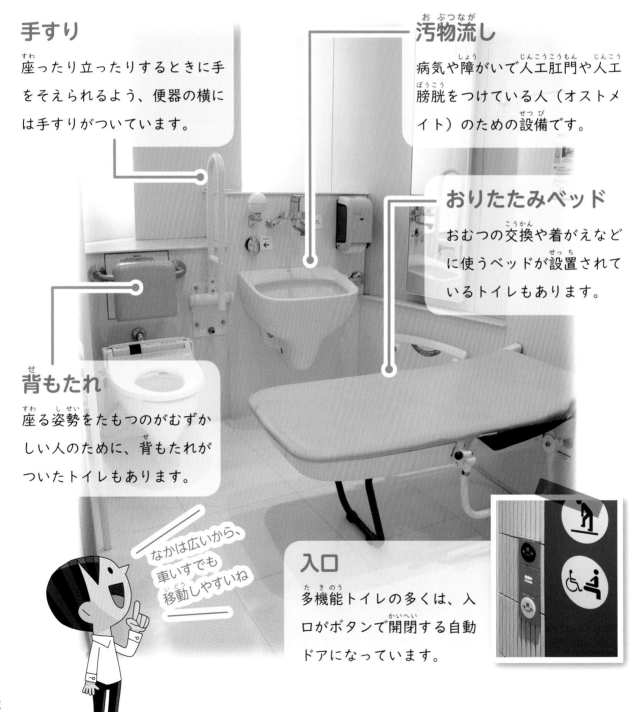

手すり

座ったり立ったりするときに手をそえられるよう、便器の横には手すりがついています。

汚物流し

病気や障がいで人工肛門や人工膀胱をつけている人（オストメイト）のための設備です。

おりたたみベッド

おむつの交換や着がえなどに使うベッドが設置されているトイレもあります。

背もたれ

座る姿勢をたもつのがむずかしい人のために、背もたれがついたトイレもあります。

なかは広いから、車いすでも移動しやすいね

入口

多機能トイレの多くは、入口がボタンで開閉する自動ドアになっています。

多くの公共施設やデパート、大きな駅などには、「多機能トイレ」が設置されています。さまざまな人が使いやすくなっている多機能トイレの工夫を見てみましょう。

ベビーチェア

大人がトイレを使うあいだ、小さい子どもを座らせておくためのいすがあります。

ベビーベッドを置いているトイレもあるよ

非常ボタン

外に助けをもとめるための非常ボタンがついたトイレもあります。

「呼出」と書いてあるボタンを押すと外にあるランプが光るんだって

「多機能トイレ」は、施設によって「多目的トイレ」「だれでもトイレ」「みんなのトイレ」などと呼ばれています。

多機能トイレを使うときの注意

・多機能トイレは、だれでも使うことができるが、車いすを使用する人、体が不自由な人が優先して使えるように配慮する。

・車いすを使用する人が出入りしにくくなるので、おりたたみベッドなどを使用したあとは、必ずたたんでおく。

・ふつうのトイレを使うことができる人が、長時間使用することはひかえる。

・みんなが使うトイレなので、汚したり、こわしたりしないように注意する。

★すべての多機能トイレに、同様の設備がそなえられているわけではありません。

みんなで調べよう
ユニバーサルデザイン

調べたことを発表しよう

　下の図は、これからみなさんが町のユニバーサルデザインについて調べたことを発表するにあたって、その進め方を記したものです。この本では、この流れにそって、調べ方を説明します。

　第２巻では、**3**と**4**について説明していきます。

| **1** | 町にある工夫を見つける |

| **2** | 興味を持ったことについて調べる |

| **3** | 報告するための原稿の構成を考える |

| **4** | 実際に原稿を書く |

| **5** | みんなの前で発表する |

みなさんが住む地域にある公共施設では、みんなが過ごしやすい場所になるように、どんな工夫がされているか、実際に調べてみましょう。そして、調べたことを発表しましょう。

3 報告するための原稿の構成を考える

第1巻では、みなさんが住む町にある工夫について、調べたことをワークシートに書き入れました。ここからは、それをみんなの前で発表するための原稿づくりをしましょう。

原稿を書きはじめる前に、まずは原稿の組み立てを考えます。読み手や聞き手にわかりやすい原稿にするには、次のような組み立てにするとよいでしょう。

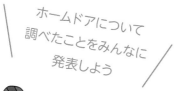

ホームドアについて
調べたことをみんなに
発表しよう

①調べたテーマ・きっかけ

まず、なにについて調べたのかを述べます。調べたきっかけや理由もいっしょに入れるとよいでしょう。

②調べ方

実際に見に行った、図書館で調べたなど、どのようにして調べたのかを述べましょう。

③わかったこと

調べてわかったことを述べる、原稿で大事な部分です。図や表などがあれば、伝わりやすくなります。

④まとめ

最後に、調べて思ったことなどを述べ、文章をしめくくります。

組み立てメモ

①調べたテーマ・きっかけ

・ホームドア　　・いつからあって、なんのためにあるのかが気になった

↓

②調べ方

・実際に駅へ見に行く　　・近くの図書館

↓

③わかったこと

・なぜホームドアがあるのか　　・ホームドアのしくみ

・最初のホームドア　　・法律

↓

④まとめ

・多くの人に役立つもの　　・声をかけることも大事

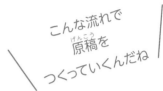

こんな流れで原稿をつくっていくんだね

4 実際に原稿を書く

　組み立てを考えたら、実際に原稿を書いていきます。原稿を書くときには、次のようなことに気をつけましょう。

引用した文章であることをはっきりさせるんだね

❗ 調べたテーマやきっかけと、最後のまとめが対応していることが大事です。

❗ 写真や図、表などを使って、見やすくするとよいでしょう。

❗ 本や資料の文章を引用するときは、1行空けて、3〜4文字下げて書くなど、本文と区別して書き、本や資料の名前を明記しましょう。

❗ 人から聞いた話を引用するときは、かぎかっこでくくるようにし、だれの話かを明記しましょう。

✏️ 原稿をまとめよう

次のページにあるワークシートを使って、原稿をまとめてみましょう。ワークシートを使うときは、必ずコピーして使うようにしましょう。

ワークシートの記入例

町にあるユニバーサルデザインについて調べよう!

テーマ ホームドアでみんなが過ごしやすい駅に

名前

① きっかけ
　最近、近くの駅にホームドアが設置されたのを見て、ホームドアはいつからあって、なんのために設置するのかが気になっていた。そこで、ホームドアを設置する理由と歴史を調べてみることにした。

② 調べ方
　実際に駅へ行って、ホームドアがどんなふうに使われているのかを見学した。そのあと、図書館でホームドアについて調べた。

③ わかったこと
（1）ホームドアを設置する理由
　ホームドアを見学してみると、電車が来ないときは閉まっていて、電車が来てドアが開いたときにはじめて開くことがわかった。つまり、人や物が線路に落ちたり、電車と人がぶつかったりしないように設置されている。
　車掌さんは「手をはなしたすきにベビーカーが動いて、線路に落ちそうになったのを何度も見たことがあるので、ホームドアが設置されてよかった」と話してくれた。
（2）ホームドアの歴史
　ホームドアが日本にはじめて設置されたのはいつか。『知りたい！ ホームドア』には、次のように書いてある。

　　　　ホームドアが日本にはじめて設置されたのは、1970年の日本万国博覧会で、
　　　　会場内を走るモノレールの駅だった。
　　　（中略）
　　　　2000年に「交通バリアフリー法」が施行されると、新しくできる路線にはホームドアを設置することが義務づけられた。

④ まとめ
　ホームドアがあるおかげで、事故をふせぐことができる。とくに、車いすやベビーカーを使用する人や、お年より、子どもたちも安心して駅を利用することができる。ただ、ホームドアがない駅もたくさんあるので、そういう場所では気をつけて歩き、まわりの人にも声をかけて注意をうながしたほうがよいと思った。

＜参考＞ 『知りたい！ ホームドア』○○○○著（××出版）2018年

コピーして使ってください

（吹き出し）写真や図があれば、はりつけよう

（吹き出し）段落でわけ、通し番号をふるようにするとわかりやすくなる

（吹き出し）引用するときは、1行空け、3〜4文字下げるとよい

（吹き出し）参考にした本や資料の名前は必ず書く

町にあるユニバーサルデザインについて調べよう！

テーマ

名前

🔍① きっかけ

🔍② 調べ方

🔍③ わかったこと

🔍④ まとめ

＜参考＞

さくいん

監修◆白坂 洋一（しらさか・よういち）

1977年生まれ、鹿児島県出身。鹿児島大学大学院修士課程修了。鹿児島県公立小学校教諭を経て、2016年度より筑波大学附属小学校教諭。全国国語授業研究会理事、「子どもの論理」で創る国語授業研究会会長を務める。著書に『言語活動を充実させるノート指導』（学事出版）、『「子どもの論理」で創る国語の授業－読むこと－』（明治図書出版）など多数。

＊**取材協力**：武澤 恵理子、葛飾区立中央図書館、
　　　　　　　台東区立蔵前小学校、豊島区役所

＊**参考資料**：国土交通省ホームページ、総務省ホームページ、
　　　　　　　NPO法人実利用者研究機構ホームページ、株式会社ユーディットホームページ、
　　　　　　　会津若松市ホームページ、TOTO株式会社ホームページ

＊**協　　力**：講談社、読書工房

＊**イラスト**：イクタケ マコト
＊**取材・文**：吉川 ゆこ（P.6〜17、P.26〜31）、佐藤 有香（P.18〜25）、澤野 誠人（P.4〜5、P.32〜38）
＊**写　　真**：鈴木 智博（P.14〜17、P.20〜25、P.28〜31）、武澤 恵理子（P.8〜11）、
　　　　　　　光村図書出版（P.21デジタル教科書）、豊島区役所（P.28多機能トイレ、P.29案内表示機、
　　　　　　　P.30学校、P.31窓口、画面）、PIXTA（P.8自動受付機、診察案内板、P.9ドア、P.32〜33、P.37）
＊**装丁デザイン**：西野 真理子（株式会社ワード）
＊**本文デザイン**：佐藤 紀久子、西野 真理子（株式会社ワード）
＊**制作協力**：株式会社ワード

ユニバーサルデザインでみんなが過ごしやすい町へ
❷公共施設のバリアフリー　対面朗読室・多機能トイレほか

2020年10月　初版第1刷発行
2023年 3月　初版第3刷発行

監修者　白坂 洋一
発行者　小安 宏幸
発行所　株式会社汐文社
　　　　〒102-0071　東京都千代田区富士見1-6-1
　　　　電話 03-6862-5200　ファックス 03-6862-5202
　　　　URL https://www.choubunsha.com
印　刷　新星社西川印刷株式会社
製　本　東京美術紙工協業組合

ISBN978-4-8113-2786-0